📖 주제

• 정의 • 분배 • 자유 • 의사 결정

📖 활용 학년 및 교과 연계

초등과정	4학년 도덕	1. 도덕 공부, 행복한 우리
	4-2 사회	3. 지역의 공공기관과 주민 참여
	5-1 사회	2. 인권 존중과 정의로운 사회
	6학년 도덕	4. 공정한 생활
	6학년 도덕	3. 나를 돌아보는 생활
	6-2 사회	3. 인권 존중과 정의로운 사회

초등 첫 인문철학왕
정의란 무엇일까?

초판 2쇄 발행 2025년 3월 5일

글쓴이 인현진 | 그린이 이국현 | 해설 지혜인
기획편집 이정희 | 편집 박주원
디자인 문지현 이유리 | 생각 실험 디자인 김윤현

펴낸이 이경민 | 펴낸곳 ㈜동아엠앤비
출판등록 2014년 3월 28일(제25100-2014-000025호)
주소 (03972) 서울특별시 마포구 월드컵북로22길 21, 2층
전화 (편집) 02-392-6901 (마케팅) 02-392-6900 | 팩스 02-392-6902
홈페이지 www.moongchibooks.com | 전자우편 damnb0401@naver.com | SNS 📘📷blog

ISBN 979-11-6363-616-8(74100)

※ 잘못된 책은 구입한 곳에서 바꿔 드립니다.
※ 이 책에 실린 사진은 셔터스톡, 위키피디아, 게티이미지뱅크(코리아)에서 제공받았습니다. 그 밖의 제공처는 별도 표기했습니다.

도서출판 뭉치는 ㈜동아엠앤비의 어린이 출판 브랜드로, 아이들의 지식을 단단하게 만들어 주고, 아이들의 창의력과 사고력을 키워 주어 우리 자녀들이 융합형 사고뭉치와 창의뭉치로 성장할 수 있도록 좋은 책을 만들겠습니다.

정의

한국 철학교육 학회 추천도서

정의란 무엇일까?

글쓴이 **인현진**　그린이 **이국현**
해설 **한국 철학교육연구원 지혜인**

정의가 없다면 세상은 어떻게 될까?

'질문'의 힘! '생각'의 힘!
'미래 인재'로 가는 힘!

어린이와 학부모님들께 《초등 첫 인문철학왕》을 추천할 수 있어서 매우 기쁩니다. 어린이들이 이 시리즈를 통해 '나'에 대해, 나와 공동체 사이의 소통에 대해, 세상의 이치와 진리에 대해 마음껏 질문하고 생각하기를 바라기 때문입니다. 그렇게 되면 창의적으로 문제를 해결하는 힘 또한 커질 수 있다고 믿기 때문이지요.

'제4차 산업혁명의 시대'라는 말처럼 우리는 모든 것이 혁신적으로 변화하는 시대에 살고 있습니다. 스마트폰, 인공 지능, 첨단 로봇 등 새로운 기술과 지식이 나오는 속도도 이전과 비교할 수 없을 정도로 빨라졌지요. 세상에 넘쳐나는 지식과 정보는 이제 누구나 쉽게 구할 수 있고, 개인의 두뇌에 담아낼 수 있는 용량을 넘어선 지 오래입니다. 결국 이 시대의 아이들에게 필요한 것은 지식보다는 그 지식을 다루는 지혜와 창의성 아닐까요?

7차 교육과정 개정 이후 학교 교육도 이러한 시대 흐름에 맞추어 미래 사회가 요구하는 인문학적 상상력과 과학기술 창조력을 두루 갖춘 창의융합형 인재를 양성하는 것을 목표로 합니다.

'철학'은 '지혜를 사랑하는'이란 뜻을 가진 말입니다. 이 학문은 여러분처럼 모든 것에 호기심 많았던 철학자들로부터 시작됩니다. 아주 오래전부터 인간, 사회, 자연, 우주, 진리 등 다양한 분야에서 다른 사람들보다 더 깊이, 더 많이, 그리고 아주 끈질기게 했던 수많은 질문과 탐구를 하며 만들어졌습니다.

마치 높은 곳에 올라가면 마을 전체를 내려다볼 수 있는 넓은 시야를 얻게 되듯이, 철학을 한다는 것은 하나의 문제를 더 큰 눈으로 볼 수 있게 되는 것이랍니다. 그러면 어떤 점이 좋을까요? 더 넓게 보는 눈, 더 깊이 있게 보는 눈, 다른 사람들이 생각하지 못한 부분들을 상상하고 찾아낼 수 있는 눈이 생깁니다. 또 우리 앞의 문제들을 자신만의 창의적인 방법으로 해결할 수도 있고, 그 문제를 해결하다가 다른 더 큰 문제를 발견하여 미리 처리할 수도 있습니다.

《초등 첫 인문철학왕》은 바로 그러한 생각의 눈을 아주 활짝 열어 줄 것입니다. 주제와 관련된 재미있는 동화, 이와 연결된 깊이 있는 인문 해설과 철학 특강, 창의·탐구 활동 등으로 구성된 시리즈는 아이들이 세상에 넘쳐 나는 지식을 지혜롭게 다루는 힘을 길러서, 문제해결력을 갖춘 창의적 인재로 성장할 수 있게 해 줄 것입니다.

그러니 이 책을 읽으며 여러 분야에서 떠오르는 호기심과 질문들을 혼자만 가지고 있지 말고 친구, 가족과도 나누어 보시길 바랍니다. 모두가 질문하고 생각하는 힘이 생긴다면, 어려운 문제들을 함께 해결해 나가는 공동체를 만들 수 있겠지요?

이 책을 읽는 여러분들 모두, 그런 멋진 공동체를 하나둘 만들어 나가는 지혜로운 미래 인재가 되기를 기대합니다.

이지애 드림
(이화여대 철학과 부교수, 한국 철학교육 학회 회장)

초등 첫 인문철학왕
이렇게 활용하세요!

생각 실험

생각 실험은 어떤 사실을 알기 위해 여러 가지 실험과 사례를 연구하는 것이에요. 철학이나 자연 과학 분야 등에서 널리 사용되는 방법이에요. 권마다 주제에 관련된 실험, 유명한 인물의 사례 등을 읽으며 상상력과 문제 해결력을 키워 보세요.

만화 & 동화

인문 철학 주제별로 아이들의 생활 세계 속 이야기, 패러디 동화 등이 다양하게 펼쳐져요. 처음과 중간은 만화, 본문은 그림 동화로 되어 있어서, 재미난 이야기에 푹 빠질 수 있어요.

인문철학왕되기

오랫동안 어린이들과 함께 철학 수업을 연구하고 진행해 온 한국 철학교육연구원 소속 교수와 연구진들이 집필했어요.

소쌤의 철학 특강, 인문 특강, 창의 특강으로 구성되었어요. 주제와 이야기 안에 숨겨진 철학적 문제들에 대해 함께 답을 찾아갈 수 있도록 깊이 있는 토론과 특강, 그리고 재미있는 활동으로 구성되었어요.

난 질문하는 **소크라테스**! 문제를 해결할 수 있도록 도와주지!

난 **뭉치**. 같이 생각하고 토론하지!

난 늘 창의적인 **새롬**이!

난 생각이 깊은 **지혜**!

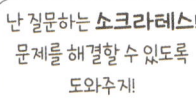

각 권마다 최신 개정 교과서 단원과 연계되어 교과 학습에 도움이 되도록 구성되었어요. 권별로 확인하세요.

이 책의 차례

추천사 4

구성과 활용 6

생각 실험 나의 행복을 위해 다른 사람을 희생시켜도 될까? 10

만화 정의가 뭘까? 20

많은 사람이 행복하면 정의로운 걸까? 22

- **인문철학왕되기1** 다수결은 언제나 옳을까?
- **소쌤의 인문 특강** 대표자가 옳지 않은 행동을 한다면?

내 자유가 커지면 그게 정의일까? 44

- **인문철학왕되기2** 모두 자유를 누릴 수 있을까?
- **소쌤의 인문 특강** 자유와 자율

| 만화 | **정의롭다는 것** ———————————————— 64

똑같이 나누면 정의로운 걸까? ———————————— 70
- 인문철학왕되기3 어떻게 하면 공정하게 나눌까?
- 소쌤의 철학 특강 능력주의의 불공평함을 없애는 방법

정의란 무엇일까? ———————————————— 90
- 인문철학왕되기4 만일 나라면?
- 창의활동 어떻게 나누는 게 공정할까?

나의 행복을 위해
다른 사람을 희생시켜도 될까?

1884년 여름,
'**미뇨네트호**'라는 배가 남태평양에서
폭풍을 만나 난파되었어요.
선원들은 작은 구명정을 타고 탈출했지요.

구명정에는 모두 **네 명의 선원**이 타고 있었는데요.
난파를 당한 상황이라 먹을 것이라고는
순무 통조림 두 개뿐이었어요.
마실 물도 없었지요.

그렇게 배고픔에 허덕이며 20일이 지났어요.
먹을 것이 떨어지니 선원들은 한 가지 방법을 생각해 냈어요.
병에 걸린 어린 선원 파커를 희생양으로 삼기로 한 거예요.
선원들은 파커가 어차피 오래 살지 못할 거라고 생각하고,
그의 피와 살로 목숨을 이어 간 것이지요.

세상에, 너무 끔찍해!

그렇게 또 며칠이 흐르고,
마침내 배가 나타나 선원들은 구조되었어요.
영국으로 돌아온 선원 세 명은
파커를 죽이고 살아남았다는 사실을 순순히 털어놓았어요.
**더 많은 사람들이 살아남기 위해
어쩔 수 없는 선택**이었다고 말이에요.

> 파커야,
> 정말 미안하다!
> 흑흑….

> 내가 이런 상황에
> 놓였다면 어떻게 했을까?

"한 사람의 희생으로 더 많은 사람이 살았다면
그것은 옳은 행위입니다.
따라서 선원들은 무죄입니다."

하지만 생각해 보세요.
우리 모두는 행복할 권리를 갖고 있어요.

“ 더 많은 사람의 행복을 위해
다른 사람을 희생시키는 것을
정의라고 할 수 있을까요? ”

난 무조건 유죄!
아무리 그래도
사람을 해친 거잖아.

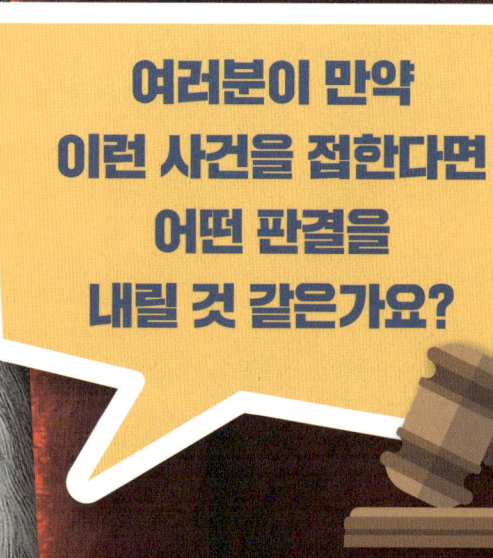

여러분이 만약 이런 사건을 접한다면 어떤 판결을 내릴 것 같은가요?

그건 분명 잘못이지만, 선원들도 어쩔 수 없이 한 행동일 거야.

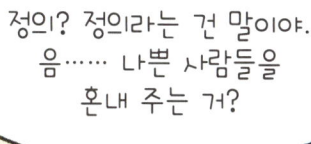

많은 사람이 행복하면 정의로운 걸까?

🥟 만두를 만나다

어느 토요일 아침, 따가운 햇살이 푸른 잔디밭 위로 떨어졌어요. 오늘 유진과 성진은 아빠를 따라 유기견 보호소에 봉사 활동을 하러 왔어요. 이곳은 주인에게 버려진 강아지들을 잠시 돌봐 주는 곳이래요. 보호소에는 검정색, 갈색, 흰색의 크고 작은 강아지들이 함께 살고 있었어요. 남매를 보며 꼬리 치는 강아지들을 물끄러미 바라보던 유진과 성진은 생각했어요.

'예쁘고 천사 같은 아이들이 어쩌다 버려진 걸까……'

'새 가족을 빨리 찾지 못하면 하늘나라에 가게 될 텐데……'

유진과 성진은 두 팔을 걷어붙였어요. 물이 가득 찬 양동이를 번쩍 들고, 제 몸집만 한 사료 봉지를 안았어요. 잔디밭을 가르며 바삐 일하는 남매의 두 뺨이 어느새 빨갛게 달아올랐어요.

그런데 강아지 한 마리가 남매를 따라다니기 시작했어요. 꼬리를 살랑살랑 흔들면서 말이에요. 성진과 유진은 하던 일을 잠시 멈추었어요. 귀여운 강아지를 못 본 척할 수는 없으니까요.

유진은 잔디밭에 털썩 앉아 강아지의 하얀 털을 쓰다듬었어요. 강아지는 볼록한 배와 토실토실한 엉덩이를 가지고 있었어요. 그러고 보니 유진의 말이 맞는 것도 같았어요.

"진짜 만두 같이 생겼네. 만두야! 만두!"

이름을 부르자 강아지는 까만 콩알 같은 눈을 들어 성진을 바라보았어요. 아마도 제 이름인 줄 아는 눈치였어요. 그때부터 '만두'가 된 강아지는 유진과 성진 남매가 가는 곳 어디든 졸졸 쫓아다녔어요.

어느덧 하늘이 노랗게 물들었어요. 아빠가 유진과 성진을 부르는 소리가 들렸어요. 남매는 이제 만두와 헤어질 때가 되었다는 걸 깨달았어요. 만두도 안다는 듯 낑낑 소리를 내었어요.

성진은 만두를 힘껏 안아 주고, 유진은 만두의 배를 쓰다듬었어요. 차에 올라탄 뒤에도 유진과 성진은 자꾸만 만두를 돌아보았어요. 만두도 그 자리에서 꼼짝 않고 성진과 유진을 바라보았어요. 자동차가 움직이자 만두가 솜사탕만 해졌다가 콩알만 해졌다가 이내 눈에서 사라졌어요.

유진과 성진은 만두를 두고 와서 시무룩해진 기분을 감출 수 없었어요. 아빠가 백미러에 비친 남매의 표정을 가만히 살펴보았어요.

"다들 왜 이렇게 기분이 안 좋아 보여?"

유진은 아빠에게 오늘 '만두'를 만난 이야기를 들려주었어요. 성진은 만두를 막내 동생 삼아 가족으로 데려오고 싶다고 했어요. 허락만 해 준다면 숙제도 열심히 하고 학원도 빠지지 않겠다고요. 유진도 양치를 깨끗이 하겠다고 거들었어요.

아빠는 난처해졌어요. 엄마가 예전부터 강아지 키우는 건 안 된다고 단단히 일러 왔기 때문이에요.

"엄마 의견도 중요하니까 물어보고 결정하는 건 어때?"

아빠의 이야기를 듣고 유진과 성진은 반짝이는 눈빛을 주고받았어요. 그러고는 소곤소곤 끄덕끄덕 집에 도착할 때까지 무언가를 의논했어요. 엄마는 귀여운 건 다 좋아하니까 귀여운 강아지를 잔뜩 보여 주면 될 거라고 유진과 성진은 생각했어요. 아빠는 그런 둘을 지켜보며 빙그레 웃기만 했어요.

🧄 만두 데려오기 대작전

유진과 성진은 집에 도착하자마자 부리나케 현관문을 열고 들어갔어요. 엄마가 거실 소파에서 커피를 마시고 있었어요. 마주 보던 성진과 유진의 눈이 반짝 빛났어요. 성진이 유진을 향해 고개를 끄덕였어요. 작전을 개시한다는 신호였지요.

성진은 엄마의 발치에 바짝 붙어 앉았어요. 그러고는 휴대 전화를 들고 재빠르게 자판을 눌렀어요. 귀여운 강아지 동영상이 줄줄이 올라왔어요. 성진 옆에 유진이 따라 앉으며 목에 힘을 주고 말했어요.

"우아! 이 포메라니안 좀 봐! 털이 복슬복슬하고 정말 귀엽네! 그렇지, 오빠?"

"그러게! 이 시바견은 또 어떻고! 볼이 찹쌀떡처럼 말랑말랑해! 정말 귀엽다!"

엄마는 남매가 평소처럼 툭탁거리지 않는 것이 이상했어요. 하지만 고개를 한 번 갸웃거렸을 뿐 별다른 반응을 보이지 않았어요. 유진의 심장이 콩콩 뛰었어요.

"엄마, 엄마. 이거 봐. 귀엽지? 이 강아지는 비숑이야. 하늘에

뜨는 뭉게구름 같이 생겼지?"

"이유진, 그거 말고 그, 다른 거 있잖아. 볼이 쫀득쫀득한 시바견 동영상."

엄마는 남매가 오늘따라 죽이 척척 맞는 것이 이상하다고 생각했어요.

그때, 주차를 마치고 뒤늦게 도착한 아빠가 문을 열고 들어왔어요. 먼 길을 운전한 아빠의 얼굴이 많이 지쳐 보였어요. 아빠는 부엌으로 곧장 향하더니 식탁 위에 놓인 물컵을 들고 벌컥벌컥 물을 마셨어요. 엄마가 걱정 섞인 말투로 아빠를 보며 말했어요.

"많이 피곤해 보여. 커피 한잔 줄까?"

유진은 '기회는 이때다!' 싶었어요. 유진이 자리에서 벌떡 일어나자 성진도 엉겁결에 함께 따라 일어났어요.

"아빠, 커피 우리가 타 줄게!"

엄마는 물음표가 가득한 얼굴로 유진과 성진을 번갈아 쳐다봤어요. 그도 그럴 것이 유진과 성진은 평소 엄마 아빠의 일을 도와주기는커녕 툭하면 투정이나 부렸기 때문이에요. 엄마는 눈썹을 한껏 치켜올린 채로 아빠에게 물었어요.

"여보, 오늘 애들이랑 뭐 했어? 애들 왜 이러는 거야?"

커피 잔을 집어 들던 아빠의 어깨가 순간 움찔거렸어요. 역시 엄마의 촉은 귀신보다 무서워요. 아빠가 머뭇거리는 모습을 보자 유진은 한쪽 다리를 덜덜 떨기 시작했어요. 입술도 잘근잘근 씹었어요. 이러다 비밀 작전이 들통날 것 같아요! 아무래도 안 되겠어요. 유진은 눈을 질끈 감고 소리쳤어요.

"만두! 만두를 데려와야 해, 엄마!"

유진의 갑작스러운 폭탄선언에 엄마가 눈을 크게 떴어요.

"만두? 만두를 데려온다니? 그게 무슨 소리야?"

엄마는 무슨 말인지 짐작조차 못 하는 눈치였어요. 얼빠진 얼굴을 하고 있던 성진이 정신을 차리고 함께 거들었어요.

"맞아, 엄마! **만두가 가족을 못 만나면 죽을지도 모른다고!**"

이제 아빠만 남았어요. 아빠는 차 안에서 유진과 성진에게 들었던 이야기를 엄마에게 차근차근 전해 주었어요. 만두는 유기견 보호소에서 만난 강아지인데 유진과 성진을 유난히 잘 따른다고요. 그렇지만 아무도 데려가는 사람이 없으면 곧 죽게 될 거라고요. 아빠가 말을 다 끝맺기도 전에 엄마는 상황을 이해한 것 같았어요.

"그러니까 만두를 우리 가족으로 데려오고 싶다, 우리가 데려오지 않으면 안락사를 당한다, 이 말이지?"

"응. 그래서 데려왔으면 해."

유진은 두 손을 꼭 맞잡고 아빠를 응원했어요. 아빠 말에 귀를 기울이고 연신 고개를 끄덕이는 엄마를 보며 유진은 속으로 '예스! 예스! 예스!'라고 외쳤어요. 엄마는 아빠 말이라면 잘 들어 주니까 틀림없이 만두를 데려오자고 할 거예요.

엄마의 짧은 한마디가 유진의 머리 위로 쿵 떨어졌어요.

"안 돼!"

"안 돼? 왜 안 돼?"

엄마의 단호박 같은 대답에 유진은 서운한 마음이 들었어요. 성진도 답답했어요.

그때! 갑자기 성진의 배에서 '우르르 쾅쾅' 하는 천둥소리가 났어요. 곧바로 유진이의 배에서도 '꼬르륵' 하는 소리가 이어졌어요. 아빠가 엄마의 눈치를 살피며 슬그머니 말했어요.

"우리, 만두 먹으러 나갈까?"

강아지를 돌본다는 것

유진이네가 자주 가는 만둣집까지는 유진의 걸음으로 15분 정도 걸어야 했어요. 평소였다면 엄마 아빠와 함께 야식을 먹으러 가는 즐거운 길이겠지만 오늘만큼은 유진과 성진 모두 기운이 나지 않았어요.

만둣집에 도착해 만두 4인분을 주문했어요. 김이 모락모락 나는 만두가 쟁반에 가득 담겨 왔어요. 입안 가득 퍼지는 만두 맛! 성진은 큼직한 만두 두 개를 연거푸 집어 양 볼에 가득 밀어 넣었어요. 뜨거운 만두를 입안에 집어넣고 발을 동동 굴리는 성진을 보며 유

진은 생각했어요.

'만두가 오빠보단 똑똑하겠다.'

만두가 가득 담겨 있던 접시가 바닥을 드러낼 무렵 엄마가 말을 꺼냈어요. 아까보다 조금 더 다정한 목소리였어요.

"나도 강아지가 싫은 건 아니야. 하지만 귀엽고 불쌍하다고 함부로 데려오는 건 반대야. 강아지도 소중한 생명인데 키우려면 많은 시간과 노력이 필요하잖아."

유진과 성진은 엄마의 말에 귀를 기울였어요.

"만두와 같이 살면 어떤 하루를 보내게 될지 생각해 봤니? 아무리 졸려도 일어나서 만두 밥을 챙겨 줘야 하고, 날씨가 덥든 춥든 매일 산책도 시켜야 할 거야. 돌아오면 만두 손발도 씻겨야 할 테고. 게다가 강아지가 아프기라도 하면? 너희가 없는 동안 혼자 낑낑대며 아파하면 어떡할 거니?"

유진과 성진의 얼굴에 '아차!' 하는 표정이 지나갔어요. 귀여운 강아지 만두를 얼른 집으로 데려오고 싶은 마음만 앞섰지, 유진과 성진에게 해야 할 일이 생긴다는 건 미처 생각해 보지 않았던 거예요.

유진과 성진은 마음 한구석이 무거웠어요. 꿀 먹은 벙어리가 된 남매를 앞에 두고 엄마는 '이 정도면 됐겠지?' 하는 표정을 지었어요. 그때, 아빠가 엉거주춤한 자세로 손을 들며 말했어요.

"내가 같이 돌보면 괜찮지 않을까?"

아빠는 집에서 웹툰 작가로 일하고 있어요. 만약 아빠가 만두를 돌보는 걸 도와준다면 정말 안심일 거예요. 왜냐하면 아빠는 항상 집에 있으면서 유진과 성진도 지극정성으로 돌봐 주거든요. 만두도 분명 그렇게 돌봐 줄 거예요!

"당신은 유진이랑 성진이 보는 것만으로도 바빠. 강아지까지 데려오면 웹툰 그릴 시간이 더 부족해질 텐데, 그래도 괜찮겠어?"

아무래도 엄마는 끝까지 반대하려나 봐요. 유진은 두 주먹을 불끈 쥐었어요. 이대로 물러설 수는 없어요!

"엄마, 너무해. 만두가 오면 우리 모두 행복해지는데 왜 자꾸 반대만 해?"

"행복해진다고?"

"응, 오빠도 아빠도 나도 만두가 오면 더 행복해질 거야."

'행복'이라는 말을 듣자 엄마의 눈썹과 눈썹 사이에 깊게 주름이 잡혔어요. 엄마가 뭔가를 심각하게 생각할 때 나오는 표정인데 아빠는 이걸 엄마의 '생각 주름'이라고 불렀어요. 엄마는 잔뜩 찡그린 얼굴로 아빠와 성진, 유진을 향해 물었어요.

"그러니까 나만 빼고 다 같은 생각이라는 거지?"

유진은 엄마를 보기가 미안했어요. 만두가 가득 담겨 있던 접시가 텅 빈 것처럼 마음속에 가득 담겨 있던 말들이 다 없어진 것 같았어요. 이때 성진이 불쑥 의견을 냈어요.

"내가 생각해 봤는데 다수결로 결정하는 건 어때?"

"다수결? 그게 뭔데?"

유진의 눈이 동그래졌어요.

"더 많은 사람들이 원하는 쪽으로 결정하는 거지."

유진은 손가락을 하나씩 펴 보았어요. 반대하는 사람은 엄마 한 명이지만 만두를 데려오고 싶어 하는 사람은 세 사람이잖아요. 유진은 있는 힘껏 팔을 위로 쭉 뻗어 올렸어요.

"찬성! 무조건 찬성! 하자, 다수결로 결정하자."

"그럼 손들어 볼까요? 만두를 데려오는 것에 찬성하는 사람!"

유진과 성진이 손을 번쩍 들었어요. 아빠도 슬그머니 손을 들었어요.

"당신도 아예 그쪽으로 마음을 정한 거야?"

엄마가 화살촉 같은 눈초리로 아빠를 쳐다보았어요. 아빠는 애써 웃어 보였어요.

"삼 대 일! 다수결의 원칙에 따라 만두가 우리 가족이 되는 것으로 결정되었습니다!"

유진은 신이 나서 박수를 쳤어요. 바보라고 생각했던 오빠가 오늘만큼은 대단해 보였어요. 다수결이라는 어려운 말도 알고 이렇게 힘든 문제를 단박에 해결하다니! 세 사람이 신나서 박수를 치

고 있는데 엄마가 식탁을 똑똑 두드렸어요.

"미안하지만 난 이 결정을 받아들일 수 없어."

"왜? 엄마만 양보하면 우리 네 사람 중 세 사람이 행복해질 수 있잖아. 죽을지도 모르는 만두도 살릴 수 있고 말이야. 이것보다 더 옳은 방법이 뭐가 있어?"

"만두를 살릴 수 있게 된 건 엄마도 기뻐. 그렇지만 세 사람을 행복하게 하려고 한 사람의 행복을 양보하는 게 항상 옳은 걸까? 양보해야 하는 사람이 성진이 너라면 어떻게 할래? 유진이 너는?"

"그래도 다수결의 원칙대로 해야지. 그래야 정의로운 거니까!"

성진은 유진이 그랬던 것처럼 두 주먹을 불끈 쥐었어요. 여기까지 온 이상 물러설 수 없으니까요. 이럴 때 보면 남매가 참 닮았다니까요.

유진은 만두를 데려오는 일이 이렇게 어려울 줄은 꿈에도 몰랐어요. 가족 중에 세 사람이나 원하니 만두를 데려와야 한다는 성진의 생각은 틀림없이 옳다고 생각했어요.

그렇지만 세 사람의 행복을 위해 자신이 원하는 걸 포기하는 건 옳지 않다는 엄마의 생각도 틀린 말이 아닌 것 같아요. 도대체 뭐가 옳은 걸까요?

너희들 반에서 자리를 정할 때 어떻게 하니?

다수결은 언제나 옳을까?

다수결의 원칙이 무언가를 정할 때 가장 합리적인 방법인 것 같기는 해요. 다툼도 적고요.

이름을 가나다순으로 해서 번호를 매기잖아요. 그 번호대로 앉는 경우도 있고, 키 순서대로 앉기도 해요.

학기 초에는 그렇지만 그 후에는 다시 다른 기준으로 자리를 결정하자고 말하는 애들도 많아요.

우리 반은 다수결로 '컴퓨터 자리 배치 프로그램 사용'을 결정했는데요. 근데 그렇게 하니까 시력이 안 좋거나 키가 작은 친구가 뒤쪽에 앉았을 때 아주 불편하다고 했어요.

친구들이 어떤 의견을 말하는지 궁금하구나.

자리를 바꿔 준다는 사람이 있으면 서로 알아서 자리를 바꾸기도 해요.

그렇구나. 다수가 원하는 방향을 따르면서도 소수를 배려하기 위해 예외를 허용해 준다면, 다수가 만족하면서도 옳다고 여길 수 있는 원칙을 마련할 수 있겠구나.

민주주의 제도는 언제 처음 시작되었을까?

놀랍게도 2500여 년 전 고대 그리스에 있었던 아테네라는 도시 국가(polis)에서 민주주의가 출발했단다. 당시 **아테네 시민들은 투표를 통해 대표를 직접 뽑았어.** 지금과는 달리 어린이, 여성, 외국인, 노예 등을 제외한 아테네 성인 남성들이 모여 토론을 한 후 다수결 투표에 따라 공동체를 이끌어 갈 대표를 뽑았던 것이지.

그런데 민주주의 제도에 따라 뽑힌 대표자가 가끔 시민들의 뜻과 맞지 않게 공동체를 운영하는 문제가 발생하곤 했어. 대표가 된 후에 민주주의의 본래 뜻을 어기고 자기 마음대로 정치를 하거나 나쁜 행동을 하는 경우가 발생한 것이지. 이 문제를 해결하기 위해 아테네 시민들은 '**도편 추방제**'라는 제도를 도입했단다.

도편 추방제는 시민의 투표를 통해 누군가를 아테네에서 추방하는 제도였어. 시민의 뜻을 어기거나 민주적인 공동체 운영을 방해할 위험성이 있다고 생각하는 사람 이름을 도자기 파편에 적고 투표하여 추방하는 것이지.

기록에 따르면 아테네 시민 중 6,000명 이상이 도자기 파편에 이름을 적어 투표하면 그 사람은 10년 동안 아테네를 떠나야 했다는구나.

"다수결 투표를 통해 민주주의 제도를 운영하면서 민주주의에 방해될 만한 사람도 다수결 투표를 통해 추방하는 것이 아테네 민주주의였단다."

도자기 파편에 적힌 추방 예정자의 이름들

내 자유가 커지면 그게 정의일까?

🎭 마스크를 벗고 싶다고 마음대로 벗는다면?

일요일 아침이 밝았어요. 유진은 아빠의 손을 잡고 동네에서 가장 큰 문구점으로 향했어요. 학교에 갈 때 필요한 준비물을 사야 했거든요.

바이러스 유행 때문에 유진은 여름이 다 지나서야 첫 등교를 하게 되었어요. 문구점은 알록달록한 색깔의 물건들로 가득했어요.

아빠는 긴 팔을 뻗어 필요한 물건들을 장바구니에 척척 넣었어요. 그러고는 손을 크게 펴서 마스크를 한 뭉치 집어 들었어요.

"아빠, 마스크를 너무 많이 사는 거 아니야?"

"지금은 바이러스 유행이 지나갔지만, 언제 또 마스크가 필요해

질지 모르니까. 가방에 꼭 한두 개씩 챙겨 갖고 다니는 것 잊지 말고."

유진은 고개를 끄덕였어요. 아빠가 '귀에 못이 박히도록' 말했거든요. 아빠는 중요한 일이 있으면 절대 한 번만 말하지 않아요. 두 번 말하고 세 번 말하고, 어떨 땐 다섯 번 말할 때도 있어요. 가끔은 잔소리로 들릴 때도 있지만, 사실 아빠가 여러 번 같은 말을 반복하는 일이 많은 건 아니에요.

"그런데 아빠, 앞으로는 마스크 쓸 일이 없었으면 좋겠어. 숨 쉬기도 답답하고 친구들 말이 잘 안 들린단 말이야."

"마스크는 너와 친구들을 다 같이 안전하게 지키겠다는 약속이야. 너도 나쁜 바이러스한테서 친구들을 지켜 주고 싶잖아?"

유진은 고개를 끄덕였어요. 비록 그동안 컴퓨터의 작은 화면으로만 만났지만 친구들은 소중하니까요.

"소중한 친구들을 위해 가끔은 내가 하고 싶은 걸 참아야 할 때도 있는 거야. 아주 중요한 이야기니까 꼭 기억해 둬."

유진은 고개를 끄덕였어요. 화면으로만 보던 친구들을 학교에서 만나게 되면 무슨 기분이 들까? 마음이 콩닥콩닥 뛰었어요.

문구점을 나오자마자 아빠의 휴대 전화가 부르르 울렸어요.

"유진아, 잠깐만. 할아버지가 전화하셨네."

"할아버지? 서울 할아버지? 일산 할아버지?"

"서울 할아버지."

서울 할아버지는 아빠의 아빠예요. 일산 할아버지는 엄마의 아빠고요.

"네, 아버지. 저예요. 지금은 좀 괜찮으셔요? 다행이에요. 네, 다 잘 있어요. 유진이도 이젠 학교 가요. 지금 밖이니까 집에 가서 전화 드릴게요."

"할아버지 안 아프시대?"

"응. 아주 쌩쌩하시대."

최근에 서울 할아버지는 병원에 입원할 만큼 아팠어요. 그래서 아빠가 할아버지 걱정을 많이 했거든요. 소중한 사람이 아픈 모습을 보는 일은 참 힘들어요.

유진은 아빠의 손을 꼭 잡았어요. 집에 가자마자 할아버지와 영상 통화를 해야겠어요.

하고 싶은 대로만 할 수는 없어

드디어 학교 가는 날이 되었어요. 책가방을 어깨에 메자 유진은 비로소 초등학생이 되었다는 뿌듯함이 밀려왔어요. 아빠의 손을 잡고 위풍당당하게 학교를 향해 걸어갔어요.

학교 앞은 이미 학생들로 북적이고 있었어요. 선생님들이 교문 밖에서 아이들을 반갑게 맞아 주었어요. 아빠는 유진의 손을 놓고

등을 살짝 밀어 주었어요.

걱정 가득한 아빠의 얼굴과는 달리 유진은 자신만만한 표정으로 아빠 앞에 손바닥을 쭉 펴 보였어요. 아빠와 짝! 소리가 나게 하이

파이브를 한 후 교문을 향해 걸어갔어요.

"몇 학년이니?"

꼬불꼬불 파마머리를 한 선생님이 천천히 다가와 물었어요.

"1학년이요!"

"아이고, 그럼 오늘이 첫날이구나! 어서 와. 저기 언니들 오빠들 보이지? 쭉 따라가면 돼."

"감사합니다."

유진은 엉덩이를 뒤로 쭉 빼고 허리를 굽혀 선생님에게 인사했어요. 긴 복도를 따라 걷다 보니 어느덧 1학년 3반 교실 앞에 도착했어요. 앞문을 열고 들어가자 먼저 와 있던 친구들의 눈이 모두 유진에게로 향했어요. 유진의 심장이 콩닥콩닥 뛰었어요. 담임 선생님이 웃으면서 유진에게 물었어요.

"어서 와, 이름이 뭐니?"

"이유진이요."

담임 선생님은 유진의 이름이 적힌 자리를 찾아 주었어요. 유진은 책가방을 의자에 걸어 두고 앉아 책상 위에 놓인 명찰을 물끄러미 바라봤어요.

명찰에는 1학년 3반 이, 유, 진이라고 쓰여 있었어요. 유치원 차에 올라타며 세상이 떠나가라 울었던 게 엊그제 같은데 이제 어엿한 초등학생이 된 거예요.

유진은 가슴을 쭉 펴고 교실을 둘러보았어요. 초록색 칠판, 커다란 텔레비전, 교실 뒤쪽에 있는 사물함까지 신기한 게 많았어요.

딩동댕동! 경쾌한 종소리가 울렸어요. 담임 선생님이 교탁에 서자 교실이 조용해졌어요.

"여러분, 드디어 학교에서 만나게 되었네요. 컴퓨터로만 보다가 이렇게 만나게 되니 선생님은 정말 기뻐요. 여러분도 그렇지요?"

"아니요! 싫어요! 집에 갈래요!"

"저도요! 싫어요! 집이 좋아요!"

남자아이 둘이 장난기가 가득한 얼굴로 말을 주고받았어요. 유진은 오빠가 생각났어요. 오빠도 1학년 때 꼭 저러지 않았을까 싶었거든요.

선생님은 화도 안 내고 기분 좋게 웃으며 장난을 받아 주었어요. 유진은 그런 담임 선생님이 마음에 쏙 들었어요.

"하하하. 집이 좋아요? 나도 집이 좋아요. 학교에서 생활하는 건 많이 낯설게 느껴질 수 있어요. 집에서 듣는 온라인 수업과 학교에 나와서 듣는 수업은 뭐가 다를까요?"

"친구 얼굴을 볼 수 있어요!"

"선생님 목소리가 더 잘 들려요!"

"신발을 신고 와야 돼요!"

"양말부터 신어야지. 아니면 계속 맨발로 다니든가!"

"선생님! 얘가 저 놀려요! 혼내 주세요!"

1학년 아이들답게 너도나도 한마디씩 말하고 싶어 들썩였어요. 선생님은 웅성거리는 아이들 대답에 다시 질문을 던졌어요.

"그래요, 좋아요. 그렇다면 온라인 수업 때는 자유롭게 할 수 있

었지만 학교에서 하기 어려운 것에는 무엇이 있을까요?"

긴 머리를 바짝 묶어 올린 친구가 손을 번쩍 들었어요.

"몽실이랑 같이 공부할 수 없어요! 몽실이는 제 고양이예요!"

"맞아요, 고양이 친구와 함께 학교에 올 수는 없겠지요? 또 뭐가 있을까요?"

유진은 천천히 생각해 보았어요. 아! 그러고 보니 집에서 수업을 들을 때 아빠는 집 안 어디든 유진이가 원하는 자리에서 수업을 들을 수 있게 해 주었어요. 그런데 이제는 정해진 자리에 앉아 있어야 해요.

"선생님, 학교에 와서는 정해진 자리에 앉아야 해요!"

"맞아요! 아주 좋은 대답을 해 줬어요. 여러분 모두 이제 정해진 자리가 하나씩 생겼지요. 그렇다면 왜 자기 자리에 앉는 게 필요할까요?"

안경을 낀 남자아이가 손을 번쩍 들며 말했어요.

"어어, 왜냐하면요! 자리가 매일 바뀌면 서랍 속 물건이 다 섞여 버려요!"

뒤이어 머리를 바짝 깎은 덩치 큰 친구가 대답했어요.

"일찍 오는 애만 계속 좋은 자리에 앉게 돼요!"

"우아, 모두모두 훌륭한 대답이에요. 여러분 모두 정말 잘했어요. 여러분은 이제 막 학교에 와서 해 보고 싶은 게 참 많을 거예요. 하지만 하고 싶은 대로만 하겠다고 고집부리는 건 옳지 않아요. 친구들을 불편하게 하거나 기분을 상하게 하고 싶은 친구는 우리 반에 없겠지요?"

"네!"

유진과 1학년 3반 친구들은 선생님을 바라보며 모두 힘차게 대답했어요. 그런데 유진이 마음속에 궁금한 게 하나 생겼어요.

엄마 아빠는 유진이가 하고 싶은 걸 하는 게 가장 중요하다고 말했거든요. 그런데 선생님은 항상 그렇게 할 수만은 없대요. 누구 말이 맞는 거죠? 유진은 아빠를 만나면 잊지 말고 꼭 물어봐야겠다고 생각했어요.

사람이 많은 가게에서 왜 줄을 서지 않지?

수업이 끝나는 종소리가 울렸어요. 유진은 의자에 걸어 두었던 책가방을 서둘러 챙겼어요. 학교 끝나고 아빠랑 아이스크림 가게에 가기로 했거든요.

교문 앞에는 아이들을 기다리는 엄마들이 모여 있었어요. 그 사이에서 삐죽 올라온 아빠 얼굴을 발견하고 유진은 있는 힘껏 달려갔어요.

"아빠아!"

아빠는 달려오는 유진을 두 팔로 꽈악 안아 줬어요. 아빠는 유진이가 첫 학교생활을 잘 해낼지 걱정했나 봐요. 유진이 대답할 틈도 주지 않고 폭풍 같은 질문을 퍼붓지 뭐예요.

"잘 끝났어? 학교 어땠어? 재밌었어? 선생님은 좋아? 친구들은 잘 만났어?"

"아빠, 하나씩 물어봐. 잘 끝났지. 학교도 좋고 친구들도 좋아. 오빠 같은 애들이 좀 있는데 괜찮아. 선생님은 장난도 잘 받아 주고 화도 안 내고 엄청 좋아."

"잘했어. 그럼 이제 아이스크림 먹으러 가 볼까?"

아이스크림 가게는 사람들로 가득했어요. 그런데 이게 어떻게 된 일일까요. 가게에는 줄을 서지 않는 사람들이 너무 많았어요. 그러고 보니 아까 학교 앞 신호등에서도 빨간불인데 횡단보도를 건너는 친구들이 있었어요. 유진은 누가 보든 보지 않든 신호를 꼭꼭 지키는데 말이에요!

조금 억울한 마음이 들었지만 알록달록한 색깔의 아이스크림을 보자 마음이 사르르 녹았어요. 시원한 곳에 앉아 딸기 맛 아이스크림을 한입 가득 넣으니 행복한 기분이 들었어요. 먹을 때마다 조금씩 사라지는 아이스크림이 아쉽기만 했어요. 바닥까지 싹싹 긁어 먹은 후에야 아빠에게 물어볼 게 생각났어요.

"아빠, 엄마랑 아빠는 평소에 내가 하고 싶은 걸 마음껏 하라고 했잖아."

"그럼. 유진이가 자유롭게 지내길 바라지."

"그런데 선생님이 학교에서는 하고 싶은 대로만 할 수는 없대. 그건 옳지 않대. 그게 무슨 말이야?"

"아, 그랬구나. 흠……."

아빠도 턱 밑에 엄지와 검지를 갖다 붙이고 생각에 잠겼어요. 아빠는 알고 있었어요. 사람이라면 누구나 자유롭게 행동할 수 있다는 걸요. 하지만 그것만큼이나 다른 사람의 자유를 방해하지 않는 게 중요하다는 것도 알고 있었죠. 유진에게 이걸 어떻게 말해 주면 좋을까요?

"유진아, 엄마 아빠도 옳고 선생님도 옳아. 네가 원하는 대로 자유롭게 행동하는 건 옳은 거야. 그렇지만 학교는 많은 친구들과 지내는 곳이잖아. **여럿이 있는 곳에서 혼자 맘대로 행동하면 다른 사람을 불편하게 할 때도 있겠지? 상황에 따라 옳지 않은 행동이 될 수도 있어.** 아빠가 좀 어렵게 말했나? 이해가 되니?"

"알 것도 같은데 조금 어렵기도 해."

유진은 아빠가 무엇을 말하려는지 알 것 같았지만 '상황에 따라 옳지 않은 행동이 될 수도 있다는 말'이 무슨 뜻이지 다 이해하긴 어려웠어요.

"그래, 아직은 조금 어려울 수 있어. 하지만 어른이 되어 갈수록 알게 될 거야."

유진은 생각했어요. 정말 어른이 되면 알게 될까요? 만약 그렇다면, 왜 아이스크림 가게에 있는 어른들 중에는 차례를 지켜야 한다는 걸 아직도 모르는 어른이 있는 걸까요?

어려운 생각을 하려니 딸기 맛 아이스크림을 하나 더 먹고 싶어졌어요.

"아빠, 아이스크림 하나 더 먹어도 돼?"

"안 돼. 단것 너무 먹으면 이따가 밥맛 없을 거야."

"밥맛이 왜 없어! 그런 일은 절대 없어."

"지난번에도 아이스크림 한 개 더 먹고 나서는 저녁 안 먹겠다고 했잖아."

"에이, 그때랑 지금은 다르지."

"뭐가 다른데?"

"그땐 배달 음식이었고 오늘은 아빠 밥이잖아. 아빠가 해 주는 건 세상에서 제일 맛있어."

아빠의 눈썹이 반달처럼 휘어졌어요.

"그래? 그럼 우리 한 개 사서 반씩 나눠 먹을까?"

"좋아. 대신 딸기 맛으로 한다."

유진은 신나서 대답했어요. 아빠한테는 비밀인데요, 아빠가 해 주는 밥도 맛있지만 딸기 맛 아이스크림도 정말 정말 맛있거든요.

인문철학 왕 되기 ① ② ③ ④

모두 자유를 누릴 수 있을까?

당연한 거 아닌가요?
우리는 모두 자유롭게
살 권리가 있어요.

너희들이 생각하는 자유로움이 무엇인지 궁금하구나.

저는 새들처럼 하늘을 자유롭게 날아다니고 싶어요.

저는 수업 시간에 자유롭게 먹고 싶은 것을 먹었으면 좋겠어요.

저는 제가 원하는 시간에 자유롭게 등교하고 싶어요.

그럼 저도 원하는 시간에 자유롭게 등교하면 안 될 것 같아요. 수업 중간에 들어가면 방해될 테니까요.

뭉치야, 수업 시간에 어떤 것을 먹고 싶니?

라면이요!

뭉치야, 네가 수업 시간에 라면을 먹는다면, 공부를 하는 다른 친구들에게 방해가 되지 않을까?

소쌤의 인문 특강

자유와 자율

자유
다른 사람이나 외부 힘에 의해 방해받지 않고, 자신의 마음대로 할 수 있는 상태

자율
다른 사람의 지배나 구속을 받지 않고, 스스로의 원칙이나 규칙에 따라 자신을 절제하거나 통제하는 것

예시문

- 우리 반에는 일주일에 한 번씩 내가 원하는 책을 읽을 수 있는 **자유** 독서 시간이 있습니다.
- 우리 학교는 6학년 학생들 중에서 신청자를 받아 일주일에 1번씩 **자율** 학습 시간을 운영합니다. **자율** 학습 참여 학생들은 40분 동안 각자 자리에 앉아서 조용히 공부를 합니다.

자유나 자율이 중요하다 하더라도, 우리가 사회 안에서 지켜야 할 규칙들이 있단다. 다음 규칙을 나타내는 표지판을 잘 살펴보고 설명이 맞는 것과 연결해 보렴.

❶

㉠ 쓰레기는 쓰레기통이나 분리수거함 등 정해진 곳에만 규칙에 맞게 버려야 합니다.

❷

㉡ 유치원, 초등학교, 특수 학교, 어린이집, 학원 등 만 13세 미만의 어린이들이 주로 이용하는 시설의 주변 도로는 보호 구역이므로 자동차 속도를 시속 30킬로미터 이하로 해야 합니다.

❸

㉢ 걷거나 이동하는 것에 어려움을 느끼는 장애인들은 통행이 편리하도록 넓은 공간에 주차할 수 있습니다. 이 주차 구역은 건물의 출입구와 가까운 곳에 있습니다.

정답 ①-㉡, ②-㉠, ③-㉢

그리고 누구보다 내 목소리에 가장 귀 기울여야 할 필요가 있다고도 생각해!

난 이 집에서 막내니까 심부름도 항상 내 차지고. 이렇게 불평등한 상황에선 가장 약한 사람부터 챙겨 주는 것이 옳은 거니까!

그럼 나중에 만두한테도 심부름 시킬 참이냐?

쳇!

유진이는 우리 집의 꼬마 존 롤스구나!

응? 롤린? 내가 춤은 또 잘 추지! 롤린롤린롤린!

어유, 롤스라고 롤스.

근데 엄마, 롤스는 뭘 주장했어?

롤스는 '잘 나누어야 한다.'고 말했어.

존 롤스

성진이가 오빠, 유진이가 막내로 태어난 것처럼 롤스는 사람들이 태어날 때부터 가진 것이 다 다르다고 여겼어.

뭘 나눠?

 **똑같이 나누면 정의로운 걸까?**

🍓 만두도 호두도 모두 데리고 갈 거야!

유진네 가족은 토요일 아침부터 바빴어요. 오늘은 엄마도 함께 유기견 보호 센터에 가기로 한 날이었거든요. 엄마는 만두를 직접 보고 집으로 데려갈지 결정하겠다고 했어요.

"만세!"

유진은 신나게 소리쳤어요. 엄마도 만두를 보면 사랑에 빠질 게 분명해요. 만두는 우주 최강 귀여운 러블리 강아지니까요. 정말로 만두처럼 귀여운 강아지는 없다고요.

유기견 보호 센터로 가는 길에 유진과 성진은 쉬지 않고 만두 이야기를 했어요. 유기견 보호 센터에 도착하자마자 만두를 보러

갔어요. 뽀얗게 살이 오른 엉덩이가 토실토실했어요.

유진과 성진을 보자 만두가 마구 꼬리를 흔들었어요. 오랜만에 보는데도 기억하고 있는 게 틀림없어요.

"어? 새로운 강아지네."

"그러게. 지난번엔 못 봤는데."

이번에 새로 들어온 강아지는 갈색 털이 복슬복슬하고 동그란 게 꼭 호두 같아요.

"와, 호두 같다."

유진은 갈색 강아지에게 호두라는 이름을 붙여 주었어요.

"꼭 우리 딸내미 아들내미 같네."

아빠도 엄마도 만두와 호두를 보면서 웃었어요. 만두랑 호두는 남매처럼 사이가 좋아요. 그런데 유진은 걱정이 되었어요. 만두를 데리러 왔는데 그럼 만두와 호두는 헤어져야 하잖아요.

"호두도 데려가고 싶어."

"응. 둘은 남매니까 같이 있어야 돼."

유진과 성진의 말에 엄마의 표정이 달라졌어요.

"만두만 데리고 집으로 돌아갈 거야. 그렇게 약속했잖니."

"그렇지만 엄마, 만두와 호두는 남매나 다름없어. 마치 나랑 오빠처럼."

유진의 말이 끝나자, 엄마의 반달 같던 눈이 평평하게 펴지고 눈썹 사이에는 생각 주름이 생겨났어요. 입술이 꾹 다물어지고 턱이 딱딱하게 굳었어요. 이 표정은 만두를 데려오자고 처음 말했을 때 엄마가 지었던 바로 그 표정이에요. '안 돼!'를 말하기 바로 전에 나오는 엄마의 표정이요.

이런 사정을 알 리 없는 만두와 호두는 잔디밭을 헤집으며 마구 뛰어다니고 있었어요. 만두가 호두의 목덜미를 꽉 깨물고 달려가

자 호두는 귀를 펄럭이며 만두 뒤를 쫓아갔어요. 그 모습을 본 엄마의 눈빛이 잠시 흔들렸어요. 만두와 호두가 노는 모습이 마치 유진과 성진이 뛰어노는 것 같았기 때문이에요.

'사이좋은 아이들을 억지로 떼어 놓는 게 맞는 걸까? 그렇지만 둘이나 되는 생명을 내가 책임질 수 있을까?'

엄마의 생각 주름은 더욱 깊어져만 갔어요. 엄마의 말을 기다리는 유진의 눈동자가 반짝 빛났어요. 유진은 마음을 굳게 먹은 듯 큰 목소리로 호두를 불렀어요.

"호두야, 이리 와! 옳지!"

호두가 달려와 유진의 품에 쏙 안겼어요. 유진은 호두를 안은 채 그 자리에 털썩 주저앉아서는 엄마를 올려다보며 말했어요.

"만두 동생 호두! 성진이 동생 유진이! 호두를 데려가지 않을 거면 나도 놓고 가!"

"뭐어?"

엄마가 얼빠진 얼굴로 유진을 바라보며 말했어요.

"나는 호두만 두고 갈 수는 없어. 엄마가 호두를 데려가지 못하겠다면 나도 놓고 가!"

"너는 소중한 내 딸이잖아! 게다가 사람이고! 호두는 강아지일 뿐이야."

"호두도 나랑 만두한테는 소중한 동생이나 다름없어! 강아지라고 다를 건 뭐야? 나는 엄마 딸이라 놓고 갈 수 없다면서 내 동생은 놓고 가라고 하는 건 너무 불공평하잖아."

엄마의 입이 떡 벌어졌어요. 생각 주름에 아무리 힘을 줘 보아도 유진의 말에 대꾸할 방법이 생각나지 않았어요. 엄마는 고개를 양쪽으로 절레절레 흔들더니 저만치에서 일하고 있는 아빠에게로 걸어갔어요. 유진은 엄마와 아빠가 한참 동안 이야기를 나누는 모습을 바라보았어요. 마침내 이야기를 마친 엄마가 유진을 향해 터

벅터벅 걸어왔어요.

"어휴, 이번에도 내가 졌다. 호두도 같이 가는 걸로 해."

유진은 너무 기쁜 나머지 호두를 안고 제자리에서 깡충깡충 뛰었어요. 그 모습을 본 만두도 유진을 따라 폴짝폴짝 뛰었지요. 오늘부터 유진네는 전보다 훨씬 더 시끌벅적할 것 같아요.

🍰 케이크 나눠 먹기

만두와 호두가 유진네 가족이 된 지 어느새 한 달이 지났어요. 유진과 성진은 약속한 대로 만두와 호두를 부지런히 돌보았어요. 걱정이 태산 같던 엄마도 그런 남매의 모습을 보고는 한결 마음을 놓았지요.

"유진아, 성진아! 나와서 아빠가 뭐 사 왔는지 한번 볼래?"

아빠가 외출에서 돌아왔어요. 유진과 성진은 아빠의 말에 하던 숙제도 던져 두고 바로 거실로 달려 나갔어요. 아빠는 손에 큼지막한 케이크 상자를 들고 있었어요.

"웬 케이크? 오늘 누구 생일이야?"

"만두랑 호두가 우리 가족이 되었는데 아직 축하 파티도 해 주지 못했잖아."

만두와 호두는 자기들이 주인공이라는 걸 눈치채고 이미 테이블에 한 자리씩 차지하고 앉았어요. 유진은 케이크에 얼굴을 들이미는 만두와 호두의 까만 코를 밀어냈어요. 음식을 잘못 먹으면 크게 배탈이 날 수도 있다는 걸 얼마 전 책에서 읽었기 때문이었어요.

만두와 호두에게는 조금 미안하지만 유진은 달콤한 케이크를 먹을 생각을 하니 신이 났어요. 그런데 갑자기 성진이 큼직한 아빠 숟가락을 꼿꼿하게 세워 들고는 케이크 위에 금을 죽 그었어요.

"이 금 넘어오기만 해. 이 위로는 다 내 거야."

"뭐야, 오빠 거가 더 크잖아. 공평하게 나눠야지!"

유진은 빨갛게 달아오른 얼굴을 하고 말했어요. 유진도 얼른 숟가락을 집어 들고는 성진이 그려 놓은 금보다 조금 더 위쪽에 선을 그었어요. 아까 성진이 나눈 것보다 훨씬 더 균형이 맞지 않는 모양새였어요.

"내가 너보다 몸집이 큰데 적게 먹는다는 게 말이 되냐?"

"오빠면 오빠답게 동생을 위해 양보할 줄도 알아야지."

성진은 한마디도 지지 않는 유진이 얄미워 숟가락으로 이마에 딱밤을 놓았어요. 유진도 이에 질세라 성진의 이마를 향해 숟가락을 뻗어 보았지만 성진의 숟가락이 재빠르게 막아섰어요.

성진과 유진이 옥신각신하며 물러서지 않자 호두와 만두가 멍멍 짖으며 싸움을 말렸어요. 그제야 남매는 들고 있던 숟가락을 슬그머니 내려놓았지요. 아빠는 숟가락을 들어 유진과 성진이 그어 놓은 금을 슥슥 지워 버렸어요. 그러고는 정확하게 중간에 금을 다시 그었지요.

"자, 이럼 됐지? 둘 다 똑같이 나눠 먹는 거야."
하지만 성진과 유진의 볼멘소리가 이어졌어요.
"아빠, 이건 아니지. 난 유진이보다 나이도 많고 키도 더 크잖아. 그런데 똑같이 먹는 게 말이 돼?"

"아니거든. 나는 아직 어린 동생이니까 내가 훨씬 더 많이 먹어야지. 그게 당연한 거라고."

아빠는 한 손으로 이마를 짚었어요. 적으면 적다, 많으면 많다, 똑같으면 똑같다 불평인 이 남매를 어떻게 해야 할까요?

🍓 각자 잘하는 것을 하고 있어

다음 날 아침. 비록 어제는 케이크를 앞에 두고 으르렁거렸지만 아빠를 사이에 두고 두 남매가 나란히 걸어가는 등굣길입니다. 유진은 병아리처럼 연신 조잘거렸어요.

"아빠, 아침에 해 준 아빠표 토스트 진짜 꿀맛이었어! 꿀떡꿀떡 넘어가더라고!"

유진의 칭찬을 들은 아빠가 함박웃음을 지었어요. 야채를 송송 썰어 넣은 달걀물을 입혀 버터에 노릇하게 구운 아빠표 토스트는 엄마, 유진과 성진 모두에게 인기 만점이었어요.

그런데 어쩐 일인지 성진은 아무 말이 없었어요. 표정도 날씨만큼이나 우중충해 보였어요.

"성진아, 무슨 일 있어?"

아빠의 물음에 성진은 한숨을 크게 내쉬었어요. 사실 요즘 학교에 갈 때마다 성진의 마음을 불편하게 만드는 일이 있거든요. 같은 반 친구 호연이 때문이었어요.

호연은 키가 작고 마른 친구예요. 누가 말을 시키면 답답할 정도로 더듬거리는 통에 누구도 호연의 말을 끝까지 들어 주지 않았어요. 주눅 든 호연을 보는 성진의 기분은 늘 찜찜했어요.

성진의 이야기를 들은 아빠는 성진의 어깨를 토닥였어요.

"그동안 호연이를 보는 성진이 마음이 많이 불편했겠구나. 성진이가 나서서 호연이를 좀 도와주는 건 어때?"

성진도 호연을 돕고 싶은 마음은 굴뚝같았어요. 그렇지만 한 가지 걱정되는 것이 있었어요. 바로 영재 때문이었어요. 영재는 성진의 반에서 가장 목소리가 크고 인기도 많은 친구였어요.

영재는 호연이 낯을 가리고 말을 더듬는 모습을 전혀 이해하지 못했어요. 호연이가 하는 말에 친구들이 귀를 기울일라 치면, 영재가 큰 목소리로 호연의 말을 중간에 끊어 버리곤 했어요.

성진은 그런 영재의 행동을 말리고 싶었지만, 도리어 영재의 미움을 사 반 친구들과 멀어질까 봐 걱정이 되었어요.

"그런 걱정이 충분히 들 수 있겠다. 그렇지만 잘못된 행동을 잘못됐다고 말하는 것도 때론 필요하단다. 천천히 생각해 보렴."

성진과 아빠가 사뭇 진지한 표정으로 이야기를 주고받는 동안 유진은 사람들을 구경했어요. 거리에는 유진과 성진처럼 등교하는 아이들이 많았어요.

그런데 하나 이상한 점이 있었어요. 유진과 성진만 빼고 다른 친구들 모두 엄마와 함께 걸어가고 있는 게 아니겠어요? 유진이네는 아침밥을 차리는 것도, 유진이 씻는 것을 도와주는 것도, 학교에 데려다주는 것도 모두 아빠 일인데 말이에요! 유진은 이 놀라운 사실을 아빠에게 이야기해 주어야겠다고 생각했어요.

"아빠, 우리 집은 좀 이상한 것 같아! 잘 봐, 이 길에서 아빠 손을 잡고 학교에 가는 사람은 우리들뿐이야!"

아빠는 허탈한 웃음을 지으며 말했어요.

"난 또 뭐라고. 아빠랑 학교 가는 게 싫어?"

"아니, 아빠랑 학교 가는 건 좋지. 그런데 우리 집은 항상 아빠만 바쁜 것 같아. 왜 아빠만 집안일을 하는 거야? 그건 좀 불공평한 것 아니야?"

유진이가 불만스러운 얼굴로 어깨를 으쓱거렸어요. 그 모습을 본 아빠는 유진의 머리를 쓰다듬어 주며 말했어요.

"유진아, 아빠랑 엄마는 불공평하지 않아. 오히려 일을 공평하게 나눠서 하고 있어."

유진은 고개를 갸웃했어요. 분명 아빠가 일을 더 많이 하는 것처럼 보였거든요.

"공평하게 나눈다는 건, 케이크처럼 항상 반으로 딱 자른다는 것만 뜻하는 건 아니란다. 똑같이 절반씩 나누지 않는 게 오히려 공평한 것일 수도 있어."

"예를 들면?"

가만히 듣고 있던 성진이 질문을 던졌어요.

"예를 들면, 아빠가 엄마보다 요리도 잘하고 청소도 빨래도 잘하니까 집안일을 맡은 거란다. 대신 엄마는 회사 일을 정말 잘하잖아. 우리나라에서 최고로 멋진 앱 개발자니까 엄마는 회사에 출근해서 일하는 게 더 공평한 거지."

유진은 고개를 끄덕였어요. 몇 년 전 신문 한 면에 엄마의 사진이 크게 실렸던 게 기억났거든요. 엄마는 해외 출장도 많이 다니고 아주 많은 사람들 앞에서 연설도 자주 했어요.

"너희가 몰라서 말이지, 사실 엄마의 비밀 능력이 하나 더 있는데 말이다."

아빠는 유진이 몰랐던 사실을 한 가지 더 알려 줬어요. 집에 전구가 나가거나 컴퓨터에 문제가 생기면 엄마가 척척 고쳐 준대요. 새로 산 기계의 설명서를 읽고 작동을 시키는 건 물론 고장 난 청소기도 엄마의 손이 닿으면 말짱해진다나요.

유진은 엄마도 아빠도 각자의 자리에서 열심히 일하고 있다는 걸 알게 되었어요. 아빠는 아빠가 좋아하고 잘하는 것을 하고 엄마는 엄마가 좋아하고 잘하는 것을 공평하게 나눠서 하고 있는 거였어요. 언젠가는 유진도 유진이 좋아하고 잘할 수 있는 일을 찾는 날이 오겠죠?

인문철학 왕 되기

어떻게 하면 공정하게 나눌까?

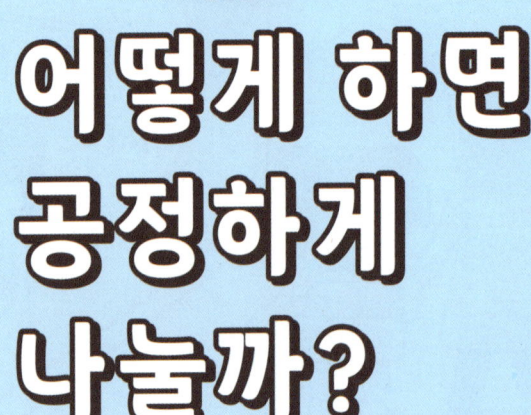

뭐든 딱딱 정확하게 반으로 나눌 수 있는 기계가 있으면 좋겠어요. 그럼 서로 누가 더 많이 가졌다고 싸우지 않을 테니까요.

저희 반 학생이 총 23명인데요, 9명씩 2개 팀으로 나누어 피구 경기를 하고 나머지 5명은 응원을 했거든요.

그런데 선생님이 준비하신 빵은 24개였어요. 이걸 나누어 먹는 데 문제가 생긴 거예요.

전 당연히 이긴 팀이 빵을 2개씩 먹어야 한다고 주장했어요.

그런데 진 팀도 열심히 경기를 했는데 아무것도 못 먹으면 너무 억울하잖아.

선생님이랑 양쪽 팀 응원한 친구들 5명이요.

그럼 남은 6개는 어떻게 나누지?

모두 다 열심히 했으니까 모두 똑같이 먹는 게 맞지 않을까?

결국 한 사람이 1개씩 먹긴 했어. 그런데 그럴 거면 피구를 왜 하냐고. 뭐가 더 있을 거라고 생각하고 열심히 한 건데.

소쌤의 철학 특강
능력주의의 불공평함을 없애는 방법

오늘날 우리 사회는 모든 자유가 보장되어 있는 것처럼 보이지만, 사실은 **교육 정도와 직업에 따라 부를 가질 기회가 달라지는 문제가 있단다.** 가난하면 그만큼 배움의 기회를 얻기 어렵고, 결국 부를 쌓기도 어렵게 되는 것이지.

이 문제에 관심을 가진 철학자가 바로 존 롤스란다. 그는 이 문제에 대해 **'차등의 원칙'**을 제시했어. 가난하고 소외된 사회적 약자들에게 혜택이 돌아가는 경우에만 사회적, 경제적 불평등을 인정할 수 있다고 본 거야.

철학자 존 롤스(1921~2002)

차등의 원칙은 필요합니다. 자연적인 재능이 있는 사람이 재능을 발휘하여 부를 가질 수는 있지만, 그때 어떤 자격 조건, 혹은 의무를 주는 것이지요. 예를 들어 마이클 조던이나 빌 게이츠가 타고난 재능으로 많은 돈을 버는 만큼 세금으로 재능이 없는 사람을 돕는 방식으로 말입니다.

재능은 누구나 있어요!

무엇보다 롤스가 강조한 것은 **재능이나 집안처럼 사람이 타고난 것들에 의해 분배가 결정되면 안 된다는 것**이었어.
하지만 모두가 롤스의 주장을 받아들이지는 않았어. 재능에는 개인의 노력도 더해진 것인데, 세금을 많이 거두면 어떡하냐는 것이지. 그럼 아무도 열심히 일하지 않을 거라고 주장했어. 하지만 롤스는 그런 노력이나 의지도 가정 환경의 영향을 받는다면서 자신의 분배 원칙을 굽히지 않았어.

> "자연이 사람에게 재능을 나눠 주는 방식은
> 공평하지도 불공평하지도 않아요.
> 인간이 태어나면서 서로 다른 위치를 갖는 것도
> 부당하다고 할 수 없어요.
> 그저 단지 타고날 때 갖는 것이니까요.
> 하지만 타고난 것을 어떻게 다루느냐에 따라
> 공평하거나 불공평한 제도가 생겨나는 것입니다."

정의란 무엇일까?

만두와 호두는 행복할까?

　학교 수업이 끝나자 유진은 한달음에 집으로 달려왔어요. 만두와 호두를 얼른 보고 싶은 마음을 참기 어려웠거든요. 현관문을 열자 만두와 호두가 달려 나와 꼬리를 흔들었어요. 유진은 책가방을 던져 두고 만두, 호두를 끌어안았어요.

"잘 있었어? 만두 호두?"

"유진이 학교 잘 다녀왔니?"

　아빠는 텔레비전에서 시선을 떼지 못한 채 유진을 맞았어요. 아빠는 작은 수조 속에서 하루 종일 뱅글뱅글 돌기만 하는 벨루가(흰돌고래)의 이야기를 듣고 있었어요. 벨루가는 넓은 바다에서 엄마와 함께 살다가 머나먼 한국 땅으로 팔려 오게 되었다고 했어요. 벨루가는 고향을 그리워하다 마음에 병이 났고, 결국 수영하는 법을 잊어버려 뱅글뱅글 돌기만 한다는 것이었어요. 벨루가의 이야기를 들은 유진은 화가 났어요.

"아빠, 사람들은 착한 동물들에게 왜 나쁜 짓을 하는 거야?"

아빠는 유진의 어깨를 부드럽게 토닥이며 말했어요.

"사람들의 이기심 때문일 거야."

"이기심이 뭔데?"

"자기만 생각하는 거지. 그건 자유롭게 행동하는 것과 다르단다. 동물이나 다른 사람에게 나쁜 짓을 해도 자기만 편하면 상관없다고 여기는 거니까. 그런 마음 때문에 함부로 동물을 대하고 생명을 빼앗기도 해."

"동물들도 소중한 생명이잖아."

"맞아. 그런데 어떤 사람들은 사람이 제일 중요하고, 사람들 중에서도 자신만 중요하다고 생각하거든."

유진은 문득 생각했어요.

'만두와 호두는 우리와 가족이 되어서 행복할까? 엄마 아빠가 보고 싶진 않을까? 사람들이 사는 집은 너무 답답하다고 생각하면 어쩌지? 나는 만두와 호두 덕분에 정말 정말 행복한데 정작 만두와 호두가 행복하지 않다면?'

유진은 만두와 호두를 물끄러미 쳐다보며 말했어요.

"아빠, 우리도 호두랑 만두를 벨루가처럼 만들고 있는 거야?"

유진의 어깨가 축 처졌어요. 호두와 만두를 데려온 일이 아빠가 말했던 '이기심' 같았기 때문이었어요.

"그것 참 어려운 질문이네. 그렇지만 호두와 만두를 유기견 보호소에 남겨 두었다면 결국 목숨을 잃었을 거야. 우리 가족으로 데려왔으니 책임지고 잘 보살펴 주면 만두와 호두도 행복하다고 느낄 거야."

유진은 고개를 끄덕였어요. 지금처럼 매일 산책도 잘 시키고, 나쁜 음식은 주지 않고, 잘 놀아 주겠다고 다짐했어요.

그날 밤, 유진은 꿈을 꾸었어요. 유진은 만두, 호두와 함께 넓은 들판을 신나게 달렸어요. 만두가 유진을 바라보며 말했어요.

"누나, 나 지금 정말 정말 행복해!"

호두도 소리쳤어요.

"야호! 나는야 세상에서 가장 행복한 강아지!"

잠이 든 유진의 머리맡에 만두와 호두가 잠들어 있었어요. 만두와 호두의 손발이 위아래로 움직였어요. 아마도 유진의 꿈속에서 함께 들판을 실컷 달리고 있는 중인가 봐요.

우리가 함께 살아가는 공동체를 위해 필요한 것

푸른 하늘에 구름이 높이 뜬 어느 가을 날, 아빠와 유진, 성진은 유기견 보호 센터를 다시 찾았어요. 이번에는 강아지들에게 줄 사료와 간식도 두 상자나 가져가기 때문에 유진의 마음이 한결 든든했어요.

보호소에 도착하자 강아지들이 꼬리를 마구 흔들며 유진을 반겨 주었어요. 지난번에는 보지 못했던 강아지들이 눈에 띄었어요. 아빠와 유진은 새로 들어온 강아지들을 손가락으로 하나하나 헤아려 보았어요.

"아이고, 이렇게 예쁜 아이들을!"

아빠는 안타깝다는 목소리로 말했어요.

잠시 후 아빠는 어릴 때 키운 강아지 이야기를 유진과 성진에게 들려

주었어요.

"아빠가 유진이 나이쯤이었을 거야. 작은 강아지가 도랑에 빠져 낑낑대고 있는 걸 봤어. 흙탕물 범벅이 된 채로 얼마나 슬프게 우는지, 얼른 집으로 데려와서 내 밥을 나눠 먹이며 키웠단다. 하얗고 복슬복슬한 게 얼마나 귀여웠는지 몰라. 우리는 둘도 없는 친구가 되었지."

"이름이 뭐였어?"

"막내라서 막둥이라고 불렀어. 그런데 어느 날 학교에서 돌아오니 막둥이가 안 보였어. 집 안을 샅샅이 뒤졌는데도 없었어. 밤 늦게까지 목이 쉬도록 막둥이를 부르면서 동네를 헤매고 다녔지."

"그래서 결국 찾았어?"
"아니, 못 찾았어. 내가 삼일 내내 막둥이만 찾으면서 밥도 안 먹으니까 그제야 할아버지가 말해 주더라. 친척 아저씨가 집에 잠깐 들렀는데 막둥이를 데려갔다고. 말도 없이 데려간

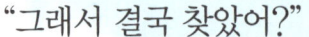

게 어찌나 서럽고 화가 나던지 바닥을 데굴데굴 구르며 울었지."

"그랬더니 할아버지가 뭐라고 하셨어?"

"그깟 강아지 한 마리 준 게 뭐 대수냐고 하시더라. 집에서 쓰던 숟가락 하나 넘겨 주는 거랑 뭐가 다르냐고."

유진은 큰 충격을 받아 잠시 할 말을 잊었어요. 아빠의 소중한 막둥이를 물건처럼 줘 버리다니 말이에요.

"그 시절엔 모든 생명을 소중하게 대해야 한다는 걸 사람들이 몰랐어. 동물뿐 아니라 사람에게도 그랬어. 피부색으로 사람을 나눠 놓고는 함부로 대하기도 했지. 피부색이 다른 사람은 학교에서 공부할 수도 친구를 만들 수도 없었어. 그걸 '인종 차별'이라고 한단다. 동물을 보호하고 인종 차별을 그만두기까지 정말로 수많은 사람들이 목소리를 내 왔어. 그 사람들의 노력 덕분에 우리가 만두와 호두도 만나게 된 셈이지."

유진은 학교에서 만난 친구들을 떠올렸어요. 유진의 피부색이 까무잡잡하다는 이유로 학교에 가지 못하고 친구들과 이야기도 할 수 없다면 너무 화가 날 것 같았어요. 고작 피부색으로 사람들을 그렇게 대했다는 게 믿기 어려웠어요.

"너무나 끔찍한 일이지만 그런 일들이 실제로 있었단다. 그래서 무엇이 잘못된 것인지 아는 건 정말 중요해. 그리고 잘못이라는 걸 알았을 때, 아직 그걸 모르고 있거나 알면서도 모르는 척하는 사람들에게 이건 잘못이라고 용기 있게 말하는 것도 중요하지. 그래야 우리가 함께 사는 공동체 안에서 강자가 약자를 함부로 괴롭히지 않게 돼. **잘못된 것을 알면서도 목소리를 내지 않는 건 잘못된 일을 하는 것만큼이나 비겁한 일이란다.**"

성진은 아빠의 이야기를 들으며 깊은 생각에 잠겼어요. 무언가 결심한 듯 두 손에 힘이 들어갔어요.

📢 말하는 용기

딩동댕동! 수업종이 울리자 성진이네 반 친구들이 모두 운동장으로 달려 나갔어요. 기다리던 체육 시간이 되었기 때문이에요. 오늘은 팀을 나누어 피구를 하기로 했어요. 학급 회장과 영재가 대표로 나가 가위바위보를 했어요. 가위바위보에서 이기면 데려가고 싶은 친구를 먼저 고를 수 있었어요.

"가위바위보! 가위바위보!"

여러 번의 가위바위보 끝에 성진네 반 친구들은 회장 팀과 영재 팀으로 나뉘었어요. 마지막 가위바위보에서 회장이 주먹, 영재가 가위를 내밀자 영재 팀에서 '아!' 하는 탄식이 흘러나왔어요. 마지막으로 남은 친구가 바로 호연이었기 때문이에요. 호연은 고개를 푹 숙이고 영재 팀 친구들 틈으로 조심스럽게 다가갔어요.

승부는 치열하게 펼쳐졌어요. 영재가 던지는 빠른 공에 회장 팀 친구들이 영락없이 나가떨어졌어요. 그래서 영재 팀 아이들은 영재에게 공을 몰아주었어요. 그러다 영재에게 패스하려던 공이 호연 앞으로 데굴데굴 굴러왔어요. 호연이 공을 받으려고 팔을 뻗기 무섭게 영재가 달려와 공을 휙 낚아채 갔어요. 이 모습을 본 성진은 더 이상 참지 못하고 외쳤어요.

"잠깐! 타임! 타임!"

영재와 호연 그리고 반 친구들의 시선이 모두 성진을 향했어요.

"서영재! 그 공 호연이한테 도로 패스해. 공이 호연이 앞에 왔으니까 호연이가 던질 차례잖아."

"무슨 소리야. 쟤가 던져 봐야 회장 팀에 도움만 주는 꼴인데 뭐 하러?"

"누구든지 공평하게 공을 던질 기회가 있는 거야. 어서 호연이

에게 건네줘."

영재는 성진의 말에 피식 웃으며 호연에게 공을 던졌어요.

"윤호연, 네가 한번 던져 보든지!"

호연은 얼떨결에 공을 받아 들자 당황한 마음을 감출 수 없었어요. 얼굴이 벌겋게 달아오른 채 잠시 망설이던 호연은 회장 팀을 향해 있는 힘껏 공을 날렸어요. 빠르게 날아간 공은 회장의 어깨를 맞추고 튕겨 나갔어요. 영재의 공도 날쌔게 피하던 회장이 호연의 공에 맞아 아웃 된 거예요!

 성진은 손바닥이 부서져라 박수를 치며 호연의 이름을 불렀어요. 영재는 벙찐 얼굴이 되어 서 있었어요. 영재 팀, 아니 호연 팀 친구들은 환호성을 지르며 호연에게 엄지손가락을 척 들어 보였어요. 호연도 눈앞에서 벌어진 일이 믿기지 않는 듯한 표정이었어요.

그날 저녁, 유진네 가족은 만두와 호두를 데리고 산책을 나섰어요. 만두와 호두는 목줄을 길게 늘어트린 채 달려가고 그 뒤를 유진과 엄마가 따라가고 있었어요. 성진과 아빠는 조금 떨어져서 함께 걸었어요.

"성진아, 요즘 학교생활은 어때?"

"괜찮아. 다 괜찮아졌어."
 성진은 오늘 체육 시간에 있었던 일을 아빠에게 이야기해 주었어요. 성진이 용감하게 나선 덕분에 호연이 기회를 가지게 되었고, 호연의 활약으로 팀이 이겼다는 이야기를 손짓 발짓을 섞어 가며 열심히 말했어요.

친구들이 호연을 바라보는 눈빛이 달라졌다는 이야기를 할 때는 성진의 눈빛도 함께 반짝였어요. 아빠는 두툼한 손으로 성진의 머리를 쓰다듬으며 말했어요.

"아들! 호연이를 위해서 나선 용기가 정말 대단한데? **잘못된 걸 바로잡는 데는 엄청난 용기가 필요한 법이거든!** 오늘 정말 대단한 일을 한 거야!"

뜻하지 않게 칭찬을 받은 성진은 쑥스러움에 괜히 뒷목을 문질러 댔어요. 아빠가 큰 소리로 성진을 칭찬하는 것을 들은 유진이 쪼르르 달려왔어요. 엄마도 만두와 호두를 멈춰 세우고 아빠의 말에 귀를 쫑긋 세웠어요.

"오빠가 무슨 대단한 일을 했는데? 뭔데? 응? 뭔데?"

아빠는 자랑스러운 목소리로 성진의 이야기를 엄마와 유진에게도 들려주었어요. 엄마는 성진이 기특하다는 듯 어깨를 토닥여 주었어요.

유진은 자신을 골탕 먹일 기회만 엿보던 오빠가 이렇게 정의로운 사람이었다는 사실에 입이 떡 벌어졌어요.

성진네 학교 이야기로 한창 분위기가 무르익을 무렵, 유진이 목소리를 가다듬었어요.

"음음! 조금 더 있다가 밝히려고 했는데 나도 사실 할 말 있어. 만두! 이리 와."

귀를 쫑긋 세운 만두가 유진에게 달려왔어요. 엄마 아빠는 무슨 이야기가 나올까 궁금한 눈으로 지켜보았어요. 유진이 손을 빠르게 움직이자 만두가 제자리에서 빙글! 돌았어요.

만두의 숨겨 두었던 개인기에 아빠와 엄마, 성진까지 놀라고 말았답니다. 유진이 의기양양한 얼굴로 두 손을 허리에 올리고 하하하 웃자 온 가족의 박수갈채가 쏟아졌어요. 신이 난 만두는 한 바퀴를 더 돌고 호두는 마구 꼬리를 흔들었어요.

엄마, 아빠, 유진, 성진 그리고 만두와 호두의 즐거운 산책은 늦은 밤이 되도록 끝날 줄을 몰랐답니다.

만일 나라면?

재산에 따라 벌금이나 세금을 더 많이 낸다면 어떨까?

핀란드에 있는 특이한 법을 소개할게. 잘 읽고 여러분의 생각도 정리해 보렴.

돈을 많이 벌면 비싼 벌금도 낼 수 있는 거 아냐?

똑같은 법률을 어겼는데 부자라고 벌금을 더 내는 건 좀 이상하지 않아?

안녕! 반가워.

안녕!

나는 핀란드에 살고 있는 초등학생 뻬우라(Peura)라고 해.

오늘은 학교에서 우리나라의 벌금 제도에 대한 이야기를 듣고 토론하는 시간을 가졌어.

핀란드에서 큰 회사를 경영하는 어떤 회장이 시속 80km 제한 구역에서 102km로 달리다가 감시 카메라에 영상이 찍혔대. 그런데 이 회장은 연봉이 높기로 유명한 사람이어서, 그만큼 벌금도 많이 내야 했어. 그게 핀란드의 규칙이거든.

만약 소득이 많지 않은 평범한 사람이 운전을 하다가 규정 속도를 위반한다면 10~15만 원의 벌금을 내면 돼. 그런데 이 회장님은 1년에 버는 돈이 너무 많아서, 결국 벌금이 6,000만 원으로 결정되었다고 해.

이 소식을 들은 그 회장은 "핀란드를 떠나고 싶다."고 말했대. 핀란드의 이 벌금 제도에 대해서 어떻게 생각하니?

 창의활동

어떻게 나누는 게 공정할까?

다음 이야기를 읽고, 여러분의 생각을 정리해 보세요.

> A와 B는 가죽 신발을 직접 만들어 판매하는 가게를 운영하고 있습니다. 이번 주에 두 사람은 총 10켤레의 가죽 신발을 제작했는데, A는 3켤레, B는 7켤레의 가죽 신발을 만들었습니다. 그리고 두 사람은 월요일부터 금요일까지 총 5일 동안 10켤레의 가죽 신발을 모두 판매하였습니다. 가죽 신발 한 켤레의 가격은 10만 원으로, A와 B는 총 100만 원을 벌었습니다. **이 100만 원을 어떻게 나누는 것이 좋을까요?**

• 첫 번째 생각 : 내 생각에 A는 ( )원을 받고, B는 ( )원을 받는 것이 옳은 것이라고 본다.
왜냐하면

• 두 번째 생각 : 그런데 알고 보니 A는 청각 장애를 가지고 있는 사람이어서 말을 할 수 없다고 한다. 그렇다면 A에게는 ( )원을 주고, B에게는 ( )원을 주는 것이 좋다고 생각한다.
왜냐하면

• 세 번째 생각 : 알고 보니 A는 대학에서 디자인을 전공했다고 한다. 특히 신발 디자인을 잘해서 A가 만든 신발은 고객들에게 늘 인기가 많았다고 한다.
그렇다면 A가 ( )원을 받고, B는 ( )원을 받는 것이 맞다고 생각한다.
왜냐하면

• 네 번째 생각 : 그런데 알고 보니 B가 7켤레의 신발을 만들 수 있었던 이유는 바로 B가 종종 늦게까지 남아서 더 많은 신발을 만들었기 때문이었다.
그렇다면 A가 ( )원을 받고, B는 ( )원을 받는 것이 옳다고 생각한다.
왜냐하면

누적 판매 250만부 돌파!

NEW 과학토론왕

본책 40권 + 독후 활동지 10권

뭉치북스가 만든 국내 최초 토론책! 초등 국어 교과서 선정 도서!
한국디베이트협회와 교육 전문가들이 강력 추천한 책!

과학토론왕6 <지켜라! 멸종 위기의 동식물>
초등 5학년 1학기 국어 교과서 수록

한우리 추천도서 | 경향신문 추천도서 | 경기도 초등토론 교육연구회 추천 | 환경청의 어린이 환경책 권장도서
학교도서관 사서협의회 추천도서 | 한국 아동문학인협회 우수도서

누적 판매 250만부 돌파!

NEW 사회토론왕

본책 40권 + 독후 활동지 10권

뭉치북스가 만든 국내 최초 토론책!
초등 국어 교과서 선정 도서!
한국디베이트협회와 교육 전문가들이 강력 추천한 책!

『우리의 유네스코 세계유산』
초등 4학년 2학기 국어 교과서 수록
『동아! 나빠! 인터넷과 스마트폰』
초등 5학년 2학기 국어 교과서 수록